우리말 천수경

無一 우학스님 편저

사경기도는
스스로 그 마음을 맑혀가는 거룩한 자기 불사입니다.

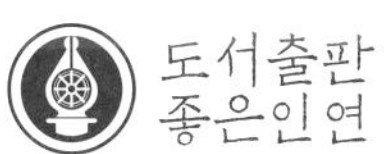

도서출판
좋은인연

사경의 의의

사경이란 경전 말씀을 따라 쓰거나 옮겨 쓴다는 뜻으로 기도 수행의 한 방편입니다. 사경은 스스로 그 마음을 맑혀가는 거룩한 자기 불사(佛事)입니다.

이렇게 사경한 종이는 탑 등에 봉안되는데 불국사 석가탑에 모셔져 있다가 얼마전 세간에 알려진 무구정광 대다라니가 그 대표적 예입니다.

사경의 공덕

깨끗하고 맑은 마음으로 부처님의 원음(圓音)을 옮겨쓰는 불자는 이미 윤회의 고통을 벗어나 있습니다. 정성 다해 사경하는 이에게는 불보살님의 가피와 위신력이 있어 일체 모든 장애는 사라지고 기쁨이 늘 충만한 삶이 전개될 것입니다.

— 사경의 공덕이 탑을 조성하는 것보다 수승하다.(도행반야경 탑품)
— 만약 어떤 사람이 경전을 사경, 수지, 해설하면 대원을 성취한다.(법화경 법사공덕품)
— 무수한 세월 동안 물질로 보시한 공덕보다 경전을 사경, 수지, 독송하여 다른 이를 위해 해설한 공덕이 수승하다.(금강경 지경공덕분)

사경의 순서

1. 몸을 청정히 한다.
2. 부처님 사진 등을 모시고 향을 피운다.
3. 예불을 올린다.
4. 발원문을 쓰고 독송한다.
5. 정성껏 사경에 들어간다.
6. 회향문을 쓰고 독송한다.
7. 부처님 전에 삼배한다.

발 원 문

사경제자 ___________________________ 합장

사경시작 _________ 년 ____ 월 ____ 일

천 수 경

입으로 지은 죄업 맑히옵니다.
　『수리수리 마하수리 수수리 사바하
　수리수리 마하수리 수수리 사바하
　수리수리 마하수리 수수리 사바하』

오방내외의 모든 신을 안위합니다.
　『나무 사만다 못다남 옴 도로도로 지미 사바하
　나무 사만다 못다남 옴 도로도로 지미 사바하
　나무 사만다 못다남 옴 도로도로 지미 사바하』

경전을 여옵니다.
　높고 깊은 미묘한 법
　백천만겁 만나기 어려워라.
　제가 이제 보고 듣고 지니오니
　부처님의 진실한 뜻 모두 알게 하옵소서.

법장을 여옵니다.
　『옴 아라남 아라다
　옴 아라남 아라다
　옴 아라남 아라다』

천의 손과 천의 눈으로 중생을 구제하시는 관자
재보살님의 광대하고 원만하고 걸림없는 대자비
의 다라니를 청하옵니다.
　관음보살 대비주와 거룩하신 성상 앞에
　일심으로 머리숙여 합장 발원 하옵나니
　일천 팔로 장엄하되 온갖 중생 거두시고
　일천 눈의 광명으로 온누리를 살피시어
　참된 말씀 베푸시되 비밀한 뜻 보이시고
　분별없는 마음 속에 중생 사랑 열으소서.
　중생들의 온갖 소원 하루 빨리 이루옵고
　중생들의 모든 죄업 청정하게 씻어주고
　천룡팔부 모든 성현 사랑하여 주옵소서.
　한량없는 온갖 삼매 한 순간에 닦아지며
　받아지닌 이내 몸이 밝고 빛난 깃발이요
　염불하는 이 마음이 신통력의 근원이라
　온갖 번뇌 씻어내고 고통바다 어서 건너
　방편문을 깨치어서 뛰어나게 하옵소서.
　지금 이 몸 염불하고 부처님께 맹세하니
　원하는 일 마음대로 원만 성취 하여지다.
　대비하신 관세음께 지성귀의 하옵나니
　제가 이제 세상일을 속히 알게 하옵시고

대비하신 관세음께 지성귀의 하옵나니
제가 이제 지혜의 눈 빨리 얻게 하옵소서.
대비하신 관세음께 지성귀의 하옵나니
제가 이제 온갖 중생 제도하게 하옵소서.
대비하신 관세음께 지성귀의 하옵나니
제가 이제 착한 방편 속히 얻게 하옵소서.
대비하신 관세음께 지성귀의 하옵나니
제가 이제 반야선을 빨리 타게 하옵소서.
대비하신 관세음께 지성귀의 하옵나니
제가 이제 고통바다 속히 넘게 하옵소서.
대비하신 관세음께 지성귀의 하옵나니
제가 이제 청정계를 빨리 얻게 하옵시고
대비하신 관세음께 지성귀의 하옵나니
제가 이제 열반세계 속히 들게 하옵소서.
대비하신 관세음께 지성귀의 하옵나니
제가 이제 미묘한 법 빨리 알게 하옵소서.
대비하신 관세음께 지성귀의 하옵나니
제가 이제 진리의 몸 속히 얻게 하옵소서.
제가 만약 칼산 가면 칼산들이 무너지고,
화탕지옥 제가 가면 끓는 물이 사라지며,
제가 만약 지옥 가면 지옥들이 없어지고,

아귀세계 제가 가면 배고픔이 없어지고,
수라 앞에 나서면 악한 마음 절로 쉬고,
축생들을 대하면 큰 지혜를 모두 얻게 하옵소서.
나무관세음보살마하살
나무대세지보살마하살
나무천수보살마하살
나무여의륜보살마하살
나무대륜보살마하살
나무관자재보살마하살
나무정취보살마하살
나무만월보살마하살
나무수월보살마하살
나무군다리보살마하살
나무십일면보살마하살
나무제대보살마하살
『나무본사아미타불
　나무본사아미타불
　나무본사아미타불』

신묘장구대다라니

나모라 다나다라 야야 나막알약 바로기제 새바라
야 모지사다바야 마하 사다바야 마하가로 니가야

옴살바 바예수 다라나 가라야 다사명 나막 가리
다바 이맘알야 바로기제 새바라 다바 니라간타
나막하리나야 마발다 이사미 살발타 사다남 수반
아예염 살바 보다남 바바말아 미수다감 다냐타
옴 아로계 아로가 마지로가 지가란제 혜혜하례
마하모지 사다바 사마라 사마라 하리나야 구로구
로 갈마 사다야 사다야 도로도로 미연제 마하미
연제 다라다라 다린나례 새바라 자라자라 마라
미마라 아마라 몰제예 혜혜로계 새바라 라아미사
미 나사야 나베 사미사미 나사야 모하자라 미사
미 나사야 호로호로 마라호로 하례 바나마 나바
사라사라 시리시리 소로소로 못자못자 모다야 모
다야 매다리야 니라간타 가마사 날사남 바라 하
리나야 마낙 사바하 싯다야 사바하 마하싯다야
사바하 싯다유예 새바라야 사바하 니라간타야 사
바하 바라하 목카싱하 목카야 사바하 바나마 하
따야 사바하 자가라 욕다야 사바하 상카섭나녜
모다나야 사바하 마하라 구타다라야 사바하 바마
사간타 니사 시체다 가릿나 이나야 사바하 먀가
라 잘마 이바사나야 사바하
『나모라 다나다라 야야 나막알야 바로기제 새바

라야 사바하

나모라 다나다라 야야 나막알야 바로기제 새바
라야 사바하

나모라 다나다라 야야 나막알야 바로기제 새바
라야 사바하 』

사방을 찬탄합니다.
　동방에 물 뿌리니 온 도량이 깨끗하고
　남방에 물 뿌리니 온 천지가 서늘하고
　서방에 물 뿌리니 극락세계 갖춰지고
　북방에 물 뿌리니 영겁토록 평안하다.

도량을 찬탄합니다.
　온 도량이 깨끗하여 더러움이 없사오니
　삼보천룡 모든 성현 이 도량에 강림하사
　제가 이제 묘한 진언 받아지녀 외우나니
　큰 사랑을 베푸시어 항상 살펴 주옵소서.

참회합니다.
　무시겁래 제가 지은 모든 악업
　그 모두가 탐진치로 생겼기에
　이 몸 따라 이미 지은 모든 업장
　제가 이제 머리 숙여 일심참회 하나이다.

십이불께 참회하니 업장씻어 주옵소서.
　　나무참제업장보승장불
　　보광왕화염조불
　　일체향화자재력왕불
　　백억항하사결정불
　　진위덕불
　　금강견강소복괴산불
　　보광월전묘음존왕불
　　환희장마니보적불
　　무진향승왕불
　　사자월불
　　환희장엄주왕불
　　제보당마니승광불

열 가지 죄업을 참회합니다.
　　살생한 죄 금일참회
　　투도한 죄 금일참회
　　사음한 죄 금일참회
　　망어한 죄 금일참회
　　기어한 죄 금일참회
　　이간한 죄 금일참회

악담한 죄 금일참회
탐애한 죄 금일참회
진에한 죄 금일참회
우치한 죄 금일참회
오랜 세월 쌓인 죄들 한 생각에 스러지니
마른 풀에 불 태우듯 흔적조차 없어지네.
죄의 본성 본래없어 마음따라 일어난 것
마음 한 번 쉬고 나면 죄업 역시 사라지네.
죄성없고 마음쉬면 이것 일러 진참회라.

죄업을 참회합니다

『옴 살바못자 모지 사다야 사바하
  옴 살바못자 모지 사다야 사바하
  옴 살바못자 모지 사다야 사바하』
준제주의 크신공덕 일념으로 외우오면
모든세상 어려운일 침노하지 못하오며
윤회하는 육도중생 세존처럼 복받으며
여의주를 만난이는 최고진리 이루오리
『나무 칠구지불모 대준제보살
  나무 칠구지불모 대준제보살
  나무 칠구지불모 대준제보살』

법계를 깨끗이 하옵니다.
『옴 남
　옴 남
　옴 남』

몸을 보호합니다.
『옴 치림
　옴 치림
　옴 치림』

관세음보살님의 미묘하신 본심을 보이는 여섯자
로 된 대명왕진언을 받드옵니다.
『옴 마니 반메 훔
　옴 마니 반메 훔
　옴 마니 반메 훔』

준제관음을 모시옵니다.
　나무 사다남 삼먁삼못다 구치남 다냐타
『옴 자례 주례 준제 사바하 부림
　옴 자례 주례 준제 사바하 부림
　옴 자례 주례 준제 사바하 부림』
　제가 이제 대준제를 지성으로 받아외워
　크고 넓은 보리심의 광대한 원 세우나니

닦고 닦는 선정지혜 하루속히 밝아지고
한량없는 공덕바다 모두 모두 이루어서
거룩한 복 널리 펴서 온누리를 장엄하여
나와 남이 모두 모두 성불하게 하옵소서.

여래께 바치오니 십대발원 거두소서
고통받는 삼악도를 하루빨리 여의옵고
어리석은 삼독심은 하루빨리 끊어버려
참생명의 삼보 말씀 어느때나 듣고 들어
계정혜의 바른 길을 부지런히 닦고 닦아
온누리의 부처님을 항상 모셔 배우오리
깨닫겠단 한생각을 어느때나 지키오리
언젠가는 극락세계 틀림없이 태어나고
거룩하신 아미타불 하루 빨리 뵈옵고서
한량없는 화현으로 온누리를 가득 채워
하고많은 모든 중생 남김없이 제도하리.

네 가지 큰 원을 세우옵니다.
이웃 중생 많다해도 기필코 제도하고
끝이 없는 번뇌라도 맹세코 끊으리라.
한량없는 가르침을 끝까지 다 배워서
높고 깊은 여래 마음 반드시 성취하리.

내 마음 속 중생심을 반드시 제도하고
내 마음 속 온갖 번뇌 맹세코 끊어내어
내 마음 속 가르침을 끝까지 다 배워서
내 맘 속에 부처님을 기필코 이루리라.

발원을 마치옵고 삼보께 절하옵니다
『거룩한 부처님께 귀의합니다
거룩한 가르침에 귀의합니다
거룩한 스님들께 귀의합니다.

거룩한 부처님께 귀의합니다
거룩한 가르침에 귀의합니다
거룩한 스님들께 귀의합니다.

거룩한 부처님께 귀의합니다
거룩한 가르침에 귀의합니다
거룩한 스님들께 귀의합니다.』

관세음보살
관세음보살
관세음보살

회 향 문

사경제자 _______________________ 합장

사경마침   년   월   일

사경노트

우리말 천수경

발행인	無一 우학 스님
펴낸곳	도서출판 좋은인연 편집/ 김현미
	등록/ 제4-88호 주소/ 대구 남구 봉덕3동 1301-20 전화/ 053.475.3707
ISBN	978-89-93040-19-7(03220)

잘못된 도서는 **구입처에서 교환**해드립니다.